할렐루야

청목 김상도

선을 따라 자르세요

오직 예수

청목 김상도

선을 따라 자르세요

항상 기뻐하라
쉬지 말고
기도하라
범사에 감사하라

데살로니가 5:16~18

청복 김상도

선을 따라 자르세요

두려워 말라
내가 너를 구원해 주었고
너의 이름을 불렀으니
너는 내 사람이로다

- 이사야 43:1 -

청묵 김상돈

선을 따라 자르세요

여호와는 나의 목자시니 내게 부족함이 없으리로다

- 시편 23:1 -

하목 김상돌

선을 따라 자르세요

너를 위해
정한 날이 하루도
너의 책에
다 기록되었고

시편 139:15.16

청목 김상돈

선을 따라 자르세요

나를 사랑하는 자들이 나의 사랑을 입으며 간절히 나를 찾는 자가 나를 만날 것이니라

- 잠언 8:17 -

청목김상도

선을 따라 자르세요

오직 여호와의
율법을
즐거워
하여
주야로
묵상하는도다

- 시편 1:2 -

청목 김상돈

선을 따라 자르세요

너의 행사를
여호와께 맡기라
그리하면
너의 경영하는 것이
이루리라

- 잠언 16:3 -

청목 김상돈

선을 따라 자르세요

할렐루야
여호와께
감사하라
그는 선하시며
그 인자하심이
영원함이로다

청목 김상도

선을 따라 자르세요